BEI GRIN MACHT SICH IHR WISSEN BEZAHLT

- Wir veröffentlichen Ihre Hausarbeit,
  Bachelor- und Masterarbeit

- Ihr eigenes eBook und Buch -
  weltweit in allen wichtigen Shops

- Verdienen Sie an jedem Verkauf

Jetzt bei www.GRIN.com hochladen und kostenlos publizieren

Sören Lindner

Max Weber vs. Talcott Parsons

Ein Vergleich zweier soziologischer Theorien

GRIN Verlag

Bibliografische Information der Deutschen Nationalbibliothek:

Die Deutsche Bibliothek verzeichnet diese Publikation in der Deutschen National-
bibliografie; detaillierte bibliografische Daten sind im Internet über http://dnb.d-
nb.de/ abrufbar.

Impressum:

Copyright © 2009 GRIN Verlag GmbH
Druck und Bindung: Books on Demand GmbH, Norderstedt Germany
ISBN: 978-3-640-37299-7

Dieses Buch bei GRIN:

http://www.grin.com/de/e-book/131230/max-weber-vs-talcott-parsons

Carl von Ossietzky Universität Oldenburg

Max Weber vs. Talcott Parsons

Ein Vergleich zweier soziologischer Theorien

Veranstaltung: Übung zur Einführung in die soziologische Theorie I
Verfasser: Sören Lindner

13. 03. 2009

Inhaltsverzeichnis

2. Einleitung

„Parsons' gesamte Ordnungsarchitektonik muß an jedem Punkt von oben nach unten gelesen werden. [...] Den gegenläufigen Prozeß, daß [...] innovative Institutionalisierungsprozesse gleichsam von ‚unten nach oben' Ordnung konstituieren [...], gemäß Webers Strategie [...], kommt Parsons nicht in den Blick."[1]

Ist das wirklich so? Muss man bei Parsons seine sozialtheoretischen Ansätze von „oben nach unten" lesen und bei Weber umgekehrt, von „unten nach oben"? Zunächst muss einmal geklärt werden, was überhaupt mit den Richtungen „von unten nach oben" und von „oben nach unten" gemeint ist. Wie der Titel dieser Ausarbeitung schon anklingen lässt, geht es hier um soziologische Theorienvergleiche. Es soll untersucht werden, welche sozialtheoretischen Ansätze die Soziologen Talcott Parsons und Max Weber vertreten. Genauer: Welche Auffassungen sie vom Handeln eines einzelnen Akteurs[2] (Ego[2]), vom Handeln zweier Akteure (Ego und Alter[2]) und vom Handeln mehrerer Ego-Alter-Beziehungen (Gesellschaft) haben. Diese Theorienanalyse soll mit besonderer Rücksicht auf die soziale Emergenz betrachtet werden. In Kapitel 2 soll genauer erklärt werden, was darunter zu verstehen ist.

Entscheidend bei der Frage, ob von „unten nach oben" oder umgekehrt, ist die Herangehensweise der beiden Soziologen. Werden die Handlungsstrukturen von Ego durch einen allgemeingültigen gesellschaftlichen Orientierungsrahmen beeinflusst und damit von „oben nach unten" erklärt? Oder wird gesellschaftliche Ordnung aus den Handlungen einzelner Individuen abgeleitet und damit „von unten nach oben" erklärt?

Genau das soll die entscheidende Frage dieser Arbeit sein. Dieser Frage bzw. diesen Fragen soll nachgegangen werden und sie sollen vor dem Hintergrund der sozialen Emergenz untersucht werden. Dabei ist die Arbeit so strukturiert, dass in Kapitel 3 die soziale Emergenz genauer erklärt wird, danach in Kapitel 4 und 5 die beiden Theoretiker einzeln betrachtet werden und sie in Kapitel 6 miteinander verglichen werden. Am Ende der Arbeit erfolgen ein Fazit und ein Rückgriff auf die hier eingangs gestellten Fragen.

Als orientierende Basisliteratur, auf die ich mich für diese Arbeit beziehe, dient das von Wolfgang Ludwig Schneider erschienene „Grundlagen der soziologischen Theorie 1 - Weber - Parsons - Mead - Schütz (Bd. 1)".

---

[1] Schwinn, Thomas: S. 94.
[2] mit der maskulinen Form ist auch die feminine Form berücksichtigt.

3. Was ist soziale Emergenz?

Soziale Emergenz ist in diesem Zusammenhang der Hauptaspekt der Theorienvergleiche. A-
ber was ist darunter zu verstehen? Das Phänomen der sozialen Emergenz ist nicht einfach fest
und klar zu definieren.[3] Trotzdem soll hier ein Versuch unternommen werden, dieses Phänomen deutlicher zu machen.

Emergente Phänomene treten in globalen, gesellschaftlichen Systemen auf. Sie sind daran zu
erkennen, dass sie in niedrigen gesellschaftlichen Ebenen (also kleiner werdende Anzahl von
Akteuren) unvorhersagbar sind. In diesen gesellschaftlichen Systemen lassen sich emergente
Phänomene nicht auf einzelne Akteure zurückführen.[4]

Keith Sawyer spricht hier von einem „*paradigm of complexity*"[5], also von einem Komplexi-
tätsparadigma. Komplexitätstheoretiker stellten nach Sawyer fest, dass soziale Emergenz in
Systemen zu finden ist, wo viele Akteure in dichten und verwobenen Netzwerken handeln und
wo gesellschaftliche Eigenschaften nicht bei einzelnen Akteuren geortet werden können. Außerdem tritt Emergenz da auf, wo ein allumfassendes gesellschaftliches System nicht in Subsysteme und Unter-Subsysteme unterteilt werden kann und wo Akteure interagieren, die sich
einer komplexen und hochentwickelten Kommunikation bedienen.

Um das deutlicher zu machen, lassen sich an dieser Stelle zwei Beispiele nennen. Die in einem Vogelschwarm existierenden Kommunikationen setzen einfache Regeln voraus, die aber
erst durch die hohe Zahl der Vögel in einer Gruppe konstituiert werden.[6] Märkte sind auch
Beispiele für Emergenz: Erst die Masse der Handelnden macht einen komplexen Markt aus.
Was wäre ein wirtschaftlicher Markt ohne Betriebe, Beschäftigte und Kunden? Bei einem
einzelnen Akteur lassen sich die Eigenschaften der Märkte jedoch nicht nachzeichnen. Erst
bei der Menge an Akteuren, die an einem Markt beteiligt sind, lässt sich das (emergente) Phänomen „Markt" feststellen.

Dennoch versuchen Soziologen, emergente Phänomene von „unten nach oben" durch den me-
thodologischen Individualismus zu erforschen. Diese Herangehensweise führte dazu, dass
man eine Unterscheidung in starke und schwache Emergenz vornehmen muss. Starke Emergenz sei dasjenige Phänomen in der Gesellschaft, das soziale Ordnung nicht auf das Handeln
einzelner Akteure zurückzuführen sei und schwache Emergenz sei das gesellschaftliche Phä-

---

[3] Sawyer, Keith: S. 4.
[4] Ebd.
[5] Ebd.
[6] Ebd., S. 4f.

nomen, das die soziale Ordnung der Gesellschaft über das Handeln der einzelnen Akteure und der Ego-Alter-Beziehungen konstituiert.[7]

4. Theorie nach Max Weber

4.1 Handlungsbegriff (Ego)

Bevor man Aussagen über die emergente Ordnung von Max Weber machen kann, muss zunächst geklärt werden, wie Weber Handlung überhaupt definiert und wie eine Interaktion zwischen Ego und Alter vor sich gehen kann.

In einem ersten Schritt unterscheidet Weber Verhalten und Handeln. Verhalten ist durch den Beobachter von außen sichtbar. Handeln ist sinnhaftes Verhalten. Schneider nennt hier das Beispiel, dass jemand eine Tür öffnet. Jemand bewegt sich auf eine Tür zu, streckt den Arm heraus, umfasst die Türklinke und drückt sie herunter und öffnet die Tür. Jemand hat also mit seinem Verhalten einen (subjektiven) Sinn verbunden, nämlich das Öffnen der Tür. Dies ist laut Weber Handeln. Wenn jemand aber gestolpert ist und dabei zufällig die Tür geöffnet hat, so ist das reines Verhalten, weil kein Sinn mit dem Verhalten verbunden wurde. Dabei ist jedoch zu beachten, dass der subjektive Sinn des Verhaltens immer vom Beobachter unterstellt wird. Der subjektive Sinn unterteilt sich nach Weber in aktuelles und erklärendes Verstehen. Das aktuelle Verstehen stellt die Frage, welche Handlung vollzogen wurde und das erklärende Verstehen geht der Frage nach, warum diese Handlung vollzogen wurde. Weber geht noch einen Schritt weiter und definiert das soziale Handeln. Soziales Handeln sei ein Handeln, welches sich auf das Verhalten anderer bezieht. Jedoch muss man analog zu der gerade genannten Definition hier kritisch fragen, ob sich Handeln auf das Verhalten oder auf das Handeln anderer bezieht (s. 4.2). Beides ist durchaus denkbar, wird bei Weber aber nicht erwähnt.

Weber untersucht auch die Beweggründe von Ego, also die Motive, für ein bestimmtes Handeln. Er unterscheidet dabei vier (Ideal)Typen. Diese vier Typen sind eine Vervollständigung zum erklärenden Verstehen, denn sie geben den *Grund* des Handelns an (s. o.).

An Webers Spitze steht das zweckrationale Handeln. Dies ist laut Schneider auch beabsichtigt, denn Weber hebt hervor, dass zweckrationales Handeln vom wissenschaftlichen Beobachter komplett verstanden wird. Schneider dazu treffend: *„Ein Handeln, das aus der Perspektive des Beobachters zweckrational ist, kann von diesem vollständig verstanden werden.*

---

[7] Lindemann, Gesa: S. 2.

Und umgekehrt gilt: Je stärker es von zweckirrationalen Motiven bestimmt ist, desto weniger ist es dem Verstehen des wissenschaftlichen Beobachters zugänglich."[8]

Zweckrationales Handeln setzt sich aus drei Faktoren zusammen. Es soll dabei ein Ziel erreicht werden, das Ego formuliert. Dann sollen die Mittel ausgewählt werden, die für die Zielerreichung am besten geeignet sind. Und: Ego soll die Nebenfolgen abwägen, die mit dem Handeln verbunden sein können. Faktoren wie die Dringlichkeit oder knappe Ressourcen beeinflussen Ziel- und Mittelwahl. Typisches Beispiel ist ökonomisches Handeln. Man versucht, mit möglichst wenig Mitteln einen möglichst hohen Gewinn zu erzielen.

Der zweite Idealtyp ist der des wertrationalen Handelns. Hier ist es wichtig, dass lediglich der Glaube an den Wert entscheidend ist, der das Handeln ausmacht. Hierbei steht auch die Pflichterfüllung im Zentrum: Nichts ist abzuwägen, sondern die Pflichterfüllung soll erfolgen, unabhängig der Nebenfolgen. Schneider nennt hier das Beispiel der Erfüllung Gottes Gebote. Jemand, der die Einhaltung Gottes Gebote als Pflicht ansieht, der lehnt es auch *bewusst* ab (wenn er einer bestimmten religiösen Strömung angehört), dass dieser Blut transfundieren solle, auch wenn jemand dadurch sterbe, denn die Bluttransfusion sei *„gegen Gottes Willen [...].*"[9]

Weber führt als dritten und vierten Idealtyp das traditionale Handeln und das affektuelle Handeln an. Im Zentrum des traditionalen Handelns steht gewohnheitsmäßiges Handeln, also „*Reagieren auf gewohnte Reize*"[10], wie Schneider es formuliert. Er nennt als Beispiel den täglichen Weg zur Arbeit. Jemand steigt ins Auto, fährt denselben Weg zur Arbeit, grüßt jeden Morgen seine Kollegen usw. Dies tut er, ohne abzuwägen, welche Alternativen es geben könnte. Affektuelles Handeln steht im Gegensatz dazu. Hierbei gibt es keine Reaktionen auf gewohnte, sondern auf ungewohnte Reize. Wenn, so Schneider, jemand panisch flüchtet, wenn dieser ein Feuer bemerkt hat, oder wenn jemand wütend mit der Faust auf den Tisch schlägt, wenn dieser eine schlechte Nachricht bekommen hat. Diese beiden Handlungen, traditional und affektuell, bewegen sich nach Weber an der Grenze zum „*bewusst sinnhaft orientiertem Handeln [...].*"[11] Das bedeutet, dass beim traditionalen und affektuellen Handeln Ego nicht *bewusst* Ziele, Mittel und Folgen abwägt, wie beim zweck- und wertrationalen Handeln.

---

[8] Schneider, Wolfgang Ludwig: S. 30.
[9] Ebd., S. 52.
[10] Ebd., S. 53.
[11] Ebd.

4.2 Soziales Handeln, soziale Beziehung, soziale Ordnung als Ego-Alter-Konstellation und soziale Emergenz

Wie bei Webers Handlungsbegriff kurz angeklungen, spricht man vom sozialen Handeln, wenn ein Handeln auf das Verhalten eines anderen bezogen ist, wobei aber offen bleibt, ob sich ein Handeln wirklich auf das Verhalten oder doch auf das Handeln eines anderen bezieht oder beides.

In einer sozialen Beziehung beziehen sich Ego und Alter (ein Zweiter) aufeinander. Genauer: Sie beziehen sich in ihrem sozialen Handeln wechselseitig aufeinander. So können nach Schneider soziale Beziehungen entstehen, wenn ein Passant einen anderen nach der Uhrzeit fragt. Durch das Fragen bezieht sich Passant #1 auf den Passanten #2 und Passant #2 bezieht sich durch die Angabe der Uhrzeit auf den Passanten #1.

Jedoch spielt auch die Dauer der sozialen Beziehungen laut Webers Definition (*„ein Min-destmaß von Beziehung des beiderseitigen Handelns aufeinander soll also Begriffsmerkmal sein.“*[12]) eine wichtige Rolle. In dem gerade genannten Beispiel ist die Dauer nur kurz. Damit man aber von einer dauerhaften sozialen Beziehung sprechen kann, muss der wechselseitige Bezug nach Weber sinnhaft wiederkehren. Um diese abstrakte Formulierung verständlicher zu machen, nennt Schneider hier das Beispiel der Ehe. Ungeachtet Webers Formulierung müsste die Ehebeziehung nicht kontinuierlich, sondern unterbrochen stattfinden, denn die Ehepartner beschäftigen sich nicht nur mit Eheangelegenheiten, sondern auch mit Dingen fernab der Ehe. Webers Ergänzung macht die Ehe trotzdem zu einer dauerhaften sozialen Beziehung, weil sich die Ehepartner wieder sinnhaft, im Sinne der Ehe, aufeinander beziehen.

Soziale Beziehungen können aber auch negativ behaftet sein. So sind dies auch Kämpfe, Konkurrenzen und Feindschaften. Auch hier beziehen sich Ego und Alter oder auch größere Gruppen wie Parteien, Staaten, Märkte usw. sinnhaft aufeinander. Daher unterscheidet Weber konsensuelle und konfliktäre Beziehungen. Weber unterscheidet bei den konsensuellen Be-ziehungen Vergesellschaftung und Vergemeinschaftung. Die Unterscheidung führt er mithilfe der Beweggründe bzw. der Bestimmungsgründe des Handelns durch. Als Vergemeinschaf-tung sieht Weber soziale Beziehungen an, die auf der Basis von affektuellem und traditiona-lem Handeln stattfinden und so die *„subjektiv gefühlte[...]Zusammengehörigkeit der Beteilig-ten [...]“*[13] betont. Als treffende Beispiele hierfür nennt Schneider innige Beziehungen wie Familie, Freundschaft oder Geschlechtsverkehr.

---

[12] zit. nach: Weber, Max: Wirtschaft und Gesellschaft, 5., rev. Auflage, Tübingen 1980, S. 13.
[13] zit. nach: Ebd., S. 21.

Die Vergesellschaftung beruht auf zweckrationalem und wertrationalem Handeln. Passende Beispiele sind hierfür ökonomische Phänomene, wo zweckrational gehandelt wird und politische Parteien, die ihre Interessen als Eigenwert betrachten und so gegen alle anderen Meinungen verteidigen (wertrational). Da sich in Beziehungen die Akteure nicht immer auf gleicher Ebene befinden, sondern es auch asymmetrische Verhältnisse entstehen, führt Weber den Begriff der „Herrschaft" an. Dieser Begriff steht für die Aufrechterhaltung der ungleichen Beziehungen, indem nach seiner Definition ein gewisses Maß an Gehorsamkeit der Unterlegenen vonnöten sei. Durch diese Prämisse entsteht nach Weber die Legitimität der Herrschaft.

Die Bestimmungsgründe des Handelns Zweckrationalität, Wertrationalität, Tradition und Affekt beschränken sich nicht nur auf einmalige Handlungen, sondern können auch dauerhaft und stabil verlaufen und sich immer wieder reproduzieren. Um diese Handlungsreproduktionen zu erklären, verwendet Weber den Überbegriff „Brauch". Der Brauch lässt sich analog zu den Bestimmungsgründen des Handelns unterteilen in Sitte, Mode und interessenbedingtes Handeln. Die Sitte steht für wiederkehrende Handlungsmuster im Sinne des traditionalen Handelns. Von Mode spricht man, wenn sich affektuelle Handlungen reproduzieren und interessenbedingtes Handeln wiederholt sich, wenn wiederholt zweckrational gehandelt wird. Damit diese Konstellation aufrecht erhalten werden kann, bedarf es der Annerkennung bzw. der Akzeptanz von den Akteuren. Das wertrationale Handeln taucht in diesem Zusammenhang nicht auf, weil jenes Handeln laut Weber einer eigenen Kategorie zugerechnet werden muss, nämlich der Aufrechterhaltung sozialer Ordnung. Mit der Reproduktion und Erhaltung sozialer Ordnung sind wir am letzten Aspekt bei Webers Theorie im Rahmen dieser Arbeit angelangt, bevor auf die Webersche Emergenzkonstellation eingegangen wird. Um die Stabilität der sozialen Ordnung zu erklären, muss man die Sitte zur Konvention weiterentwickeln. Nach Webers Definition ist in einer Konvention die Sitte um den Faktor der Intoleranz gegenüber Abweichungen erweitert. Wer speziell darauf achtet, abweichendes Handeln der Akteure zu sanktionieren, befindet sich im Modus „Recht". Recht und Konvention bilden die Fundamente einer Ordnung. Hinzu treten neben dem ohnehin normorientierten wertrationalen Aspekt die anderen Handlungstypen. Sie lassen sich auch in normgebende Aspekte der Ordnung umwandeln. Indem jeder glaubt, dass das zweckrationale, affektuelle und traditionale Handeln einen Platz im Geltungsbereich dieser Ordnung bzw. dieser Herrschaft bekommt, ist dies nach Schneider eine Norm. Er nennt auch unsere heutige parlamentarische Demokratie als Beispiel. Indem wir alle einen gewissen Glauben an den Tag legen, dass diese Herrschaft legitim ist, leisten wir einen Beitrag zur Legitimität solcher Ordnungen. Diejenigen, die nach Weber nicht in dieser Ordnung nach den entsprechenden Handlungstypen handeln, weichen ab, werden aber von den „Kontrollinstanzen" dazu angehalten, im Sinne der Handlungstypen zu handeln.

Maßgebend für die Stabilität sozialer Ordnungen bzw. legitimer Herrschaft sind also der Glaube an die Legitimität, innere (Missbilligung von Abweichungen) und äußere (Sanktionen von Abweichungen) Kontrollmechanismen. Aus den drei Handlungstypen abgeleitet, ergeben sich nach Weber drei verschiedene Arten von legitimen Herrschaften. Die rationale Herrschaft, abgeleitet vom zweckrationalen Handeln, basiert auf dem Glauben an die legalen, verfassten Ordnungen und der Organe, die zur *„Ausübung der Herrschaft"*[14] dienen. Bei der traditionalen Herrschaft steht der alltägliche Glaube an die Heiligkeit der Traditionen und die Legitimität der Herrschenden im Zentrum. Die charismatische Herrschaft beruht auf der nicht alltäglichen Hingabe an die Einmaligkeit bzw. Vorbildlichkeit des (einen) Herrschenden. Die von Schneider vorgenommene Unterscheidung zwischen den Herrschaftstypen machen die abstrakt klingenden Definitionen deutlicher. Während die traditionale Herrschaft einen Fortschritt in jeglicher Hinsicht verhindert, ist die charismatische Herrschaft darauf angelegt, immer wieder etwas Innovatives zu produzieren. Die Traditionen werden nicht an eine bestimmte Person gebunden stets weiter überliefert und bei der charismatischen Herrschaft ist alles auf eine bestimmte Führungspersönlichkeit ausgerichtet. Die rationale Herrschaft ist eine Mischung aus beidem. Sie existiert nach Schneider losgelöst von einer Führungsperson und ermöglicht Innovationen. Diese Herrschaft ist in Webers Sinne die bürokratische Herrschaft. In ihr ist die Vorgabe eines rechtlichen Rahmens verankert, der die Akteure dazu veranlasst, bestimmte Ziele zu verfolgen. Außerdem gibt es Instanzen, die den ordnungsgemäßen Ablauf kontrollieren sollen. Schneider vermerkt hier, dass die bürokratische Herrschaft daher einem starren sozialen Automatismus gleicht. Schneider nennt sie eine *„soziale Maschine"*[15].

Zusammenfassend ist zu sagen, dass soziale Ordnung aus dem Zusammenwirken der Bestimmungsgründe des Handelns, mündend in die legitime Herrschaft, entsteht. Ein wichtiger Aspekt, der die legitime Herrschaft aufrechterhalten kann, ist der Glaube der Akteure an die Legitimität solcher Herrschaften. Vor dem Hintergrund der Emergenz ist Webers Theorie als schwach emergent zu betrachten. Die soziale Ordnung und die legitime Herrschaft werden nach Weber aus dem sozialen Handeln abgeleitet. Diese soziale Handlung ist also seine Basiseinheit, aus der Weber sich alle weiteren Phänomene ableiten kann. Aus heutiger Sicht würden wir die Ehe als ein stark emergentes Phänomen ansehen, denn Voraussetzung für die Ehe ist ein gesellschaftlicher Rahmen. Dieser Rahmen besteht aus den gesetzlichen Rechten und Pflichten sowie aus den kirchlich gesellschaftlichen Erwartungen, die an die Ehe gestellt werden. Weber hingegen leitet die Ehe aus dem sozialen Handeln ab. Dadurch, dass die Ehe-

---

[14] zit. nach: Ebd., S. 124.
[15] Schneider, Wolfgang Ludwig: S. 75.

leute sich sinnhaft und dauerhaft aufeinander in ihrem Handeln beziehen, entsteht die Ehe als soziale Beziehung. Es gibt bei Weber aber auch ein stark emergentes Phänomen in Gestalt der Institution Herrschaft. Erst wenn den Akteuren bewusst ist, dass es so etwas wie Herrschaft überhaupt geben und funktionieren kann, ist auch ein Glaube an die Legitimität einer Herrschaft möglich. Dieses Bewusstsein der Existenz und Funktionstüchtigkeit lässt sich nicht aus dem Handeln einzelner Akteure ableiten, sondern kommt erst bei einer Vielzahl von Akteuren zustande und ist somit stark emergent.

5. Theorie nach Parsons

5.1 Handlungstheorie (Ego)

Talcott Parsons entwirft das Modell des "action frame of reference", um das Handeln von Ego zu erklären. Es gestaltet sich im Vergleich zu Weber etwas unkomplizierter. Als Ausgangspunkt sieht Parsons den Akteur, der ein in der Zukunft liegendes Ziel erreichen möchte. Daher wird eine derartige Handlung als teleologisch bezeichnet. Dem Akteur stehen situativ bedingte Bedingungen und Mittel zur Verfügung, wobei der Akteur die Bedingungen als unveränderlich und unbeeinflussbar hinnehmen muss und die Mittel selbst wählen bzw. kontrollieren kann. Um ein bestimmtes Ziel überhaupt erreichen zu wollen, wird vom Akteur eine gewisse Anstrengung verlangt, also ein gewisser „effort"[16], um in der Sprache von Parsons zu argumentieren. Denn ohne diesen Willen, ein bestimmtes Ziel zu verfolgen, kann keine Handlung entstehen. Nicht ohne Grund heißt es bei Schneider „Die kategoriale Struktur voluntaristischen Handelns"[17]. Die Ziele und Mittel entstehen dabei nicht zufällig. Der ganz zentrale Punkt bei Parsons ist, dass normative Standards unabdingbar sind und sowohl die Ziele als auch die Mittelwahl beeinflussen. Sie (die normativen Standards) beschränken und selektieren dadurch die Ziele und die Mittelwahl. Das Zusammenwirken dieser Faktoren lässt einen Handlungsschritt („uni act") entstehen.

Die normativen Standards unterteilt Parsons in ein „System letzter Werte" und „normative Regeln". Das System letzter Werte bestimmt die Handlungsziele und daraus entstehen dann normative Regeln, die die Wahl von Handlungsmitteln und Zielen eingrenzt. Parsons grenzt in diesem Zusammenhang die Normen von den Werten ab, die nicht synonym füreinander ver-

---

[16] Schneider, Wolfgang Ludwig: S. 86.
[17] Ebd., S. 83.

wendet werden dürfen. In einem Wertesystem gibt es viele unzählige Werte, wie beispielsweise die Unantastbarkeit von Eigentum. Die Normen sorgen dafür, dass die Werte befolgt
werden und, bei dem Beispiel bleibend, jegliche unberechtigte Wegnahme von Eigentum ge-
ahndet wird. Dabei ist eine Grundvoraussetzung, dass die Werte internalisiert, also verinnerlicht, gemeinsam geteilt und anerkannt werden. Dem wiederum voraus geht die Sozialisation
als Vorgang der Verinnerlichung und Befolgung der normativen Standards.

Die Stabilität des Handlungssystems erklärt Parsons mit dem „AGIL-Schema". Eigentlich war
dieses System zur Erklärung der Strukturerhaltung bei Lebewesen und technischen Systemen
gedacht, Parsons wendet dieses System aber auch auf das Handlungssystem an. Hierfür sind,
wie der Name schon anklingen lässt, vier Hauptaspekte einzuhalten. Sichergestellt werden
muss die Anpassung („adaption") des Systems an seine Umwelt, die Verfolgung der Ziele des
Systems („goal attainment"), die Integration der Zielerreichungsprozesse („integration") und
die strukturerhaltenden Prozesse, die die Soll-Werte formulieren („latent patternmaintenan-
ce"). Deutlicher werden die Ebenen dieses Schemas, wenn man sie im Sinne Parsons hierar-
chisiert und abgestuft erläutert. Parsons sieht die Ebenen als Subsysteme des Handlungssystems an, die aufeinander aufgebaut die Stabilität des Handelns darstellen. Er liest dabei dieses
Schema jedoch andersherum, also „LIGA". Das ist ein wichtiger Schritt, wie sich zeigt. An-
fangspunkt ist die Strukturerhaltung („latent pattern maintenance"), die im kulturellen System
als Subsystem verkörpert ist. Es konfiguriert die Werte und die gemeinsam geteilten Symbole
als normativen Rahmen. Diese Werte und Symbole werden durch Rollen, nach denen Akteure
idealerweise handeln, im sozialen System institutionalisiert. Dieser Vorgang dient der Integration („integration") in das soziale System. Aus dem sozialen System internalisiert, also verinnerlicht jeder die sich daraus ergebenen Bedürfnisse. Die Zielerreichungsebene („goal attainment") spiegelt sich in den Bedürfnisformulierungen wider und bildet das Persönlichkeitssys-
tem eines Akteurs. Um die Bedürfnisse zu formulieren, muss jeder Akteur gemäß seinem
Verhalten die eigenen Fähigkeiten internalisieren, mit denen er sich an die anderen Systeme
erst anpassen kann („adaption").

5.2 doppelte Kontingenz, soziale Ordnung als Ego-Alter-Konstellationen und soziale Emergenz

Da jeder Akteur nach der Befriedigung seiner eigenen Bedürfnisse strebt, kommt es auch vor, dass dazu andere Akteure benötigt werden. Wenn jemand beispielsweise zur Erreichung eines Ziels einen Kooperationspartner braucht, muss er mit ihm in Kontakt treten.

Dafür muss Ego versuchen, dass Alter gemäß seinen Vorstellungen handelt. Zwei Fragen müssen dafür geklärt werden. Erstens, wie kann Ego Alter deutlich machen, was er von Alter erwartet? Und zweitens, wie kann Ego Alter dazu bringen, seine Erwartungen zu erfüllen?

Zunächst einmal müssen beide Akteure über ein gemeinsam geteiltes Symbolsystem verfügen, was ihnen erst ermöglicht, sich miteinander zu verständigen. Dadurch kann Ego verständlich machen, was er von Alter erwartet. Ego und Alter sollen sich zudem in einer gleichen Situation befinden. Auch Alter soll bestimmte Handlungen von Ego erwarten, damit beide gleichermaßen bereit sind, den Erwartungen des jeweils anderen zu folgen. Beide stecken also in einer Abhängigkeit zueinander. Parsons prägt hierfür den Begriff der „doppelten Kontingenz". In dem Begriff „Kontingenz" steckt nach Schneider aber auch die Tatsache, dass es unsicher ist, ob und welche Handlung erfolgt. Mit dem Begriff ist zwar das Problem benannt, aber die Lösung ist nicht enthalten. Die liefert Parsons mit dem Argument, dass wenn beide ein gemeinsames Symbolsystem verfolgen, sich bei beiden dadurch eine Vorhersagbarkeit der Reaktionen einstellt. Dadurch ist eine Erwartungssicherheit gegeben, die gewährleistet, dass ein Handeln bei einer doppelten Kontingenz in gewisser Weise vorausgesagt werden kann.

Das Symbolsystem wird für Ego und Alter zu einem normativen Element, denn wenn sich mindestens einer nicht an die Gesprächskonventionen hält, scheitert eine Bedürfnisbefriedigung, weil die dafür nötige Kooperation vom „Betrogenen" oder von beiden aufgekündigt wird. Daher liegt es im Interesse beider Akteure, sich an das gemeinsame Symbolsystem zu halten, womit hier ein normativer Standard vorliegt. Abweichendes Handeln wird dadurch also sanktioniert.

Um nun auf die Ebene der sozialen Ordnung zu gehen, führt Parsons hier das utilitaristische Dilemma an. Der Utilitarismus beruht auf rein zweckrationalem Handeln. Hier tritt der Kritikpunkt der Kontingenz wieder hervor. Beim rein zweckrationalen Handeln ist nicht klar, woher die Ziele kommen, die sich die Akteure setzen. Nach Parsons entstehen sie rein zufällig oder abhängig von den jeweiligen Handlungssituationen. Somit ist eine Wahl der Ziele nicht gegeben, ein voluntaristisches Handeln ausgeschlossen. Thomas Hobbes, als Vertreter des Utilitarismus, argumentiert bekanntlich mit dem Naturzustand, wo alle gegen alle im Krieg stehen. Jeder Akteur strebt nach der Erfüllung seiner eigenen Bedürfnisse, egal, ob das durch Mord, Gewalt oder Betrug erfolgt. Es gibt weder Normen noch Herrschaft. Die wichtigste Bedürfnisbefriedigung ist also in diesem Zusammenhang der Erhalt des eigenen Lebens. Deswegen könnte sich die Gesellschaft nach Hobbes darauf verständigen, eine Herrschaft aufzubauen, die jeden Akteur vor Gewalt, Betrug usw. schützt und daher als legitim angesehen werden muss. Das setzt jedoch voraus, dass jeder Akteur sich an den Verzicht von Gewalt, Betrug usw. hält. Gerade der Akteur, der sich eben nicht an die Übereinkunft hält und trotzdem durch Betrug und Gewalt seine Bedürfnisse befriedigen kann, hat einen viel größeren Vorteil gegenüber diejenigen, die sich an die Konvention halten. Daher ist es lukrativer, sich nicht an die Ordnung zu halten. Somit ist in jedem Fall eine soziale Ordnung nach Parsons im utilitaristischen Sinne nicht möglich. An diesem Negativbeispiel sehen wir, dass für Parsons die normativen Standards als Lösung des Dilemmas anzusehen sind. Wie oben schon erwähnt, selektieren diese Standards Ziele und Mittel. Ein gemeinsam geteiltes und verinnerlichtes Wertesystem führt dazu, dass sich Akteure bestimmter, wertekompatibler Ziele und Mittel bedienen. Betrug, Gewalt usw. scheiden als Mittel daher aus. Abweichungen werden sanktioniert. Eine soziale Ordnung kann daher nur mit normativen Standards funktionieren.

Damit hat Parsons erklärt, wie soziale Ordnung entsteht. Er geht noch einen Schritt weiter, indem er das bereits bekannte „AGIL-Schema" als analytisches Modell auch für Gesellschaften verwendet. Es soll demnach die Erhaltung und Stabilität einer Gesellschaft zum Ausdruck bringen. Auch hier wird das Schema umgekehrt gelesen. Ausgangspunkt ist demnach die Strukturerhaltung („latent pattern maintenance"). Sie gibt der Gesellschaft den Werterahmen, der für Parsons als Voraussetzung unabdingbar ist. Dieser Rahmen ist Element des kulturellen Treuhandsystems als Subsystem der Gesellschaft, das die Werte und gemeinsam geteilte Symbole konfiguriert. Eine Ebene darunter befindet sich die Integration („integration"), die in Form der gesellschaftlichen Gemeinschaft auftritt. Sie institutionalisiert die Normen, nach denen sich die Gesellschaft integriert. Bei der Ebene der Zielerreichung („goal attainment") bzw. des politischen Systems angelangt, werden die kollektiven Ziele der Gesellschaft vertreten und umgesetzt. In der untersten Ebene, der Anpassung („adaption") bzw. im ökonomischen System, wird die Gesellschaft an die „*materielle Umwelt*"[18] angepasst, so dass ihre Bedürfnisse durch Produktion von Ressourcen befriedigt werden können.

Aus den Ausführungen Parsons lässt sich eine recht klare Emergenzkonstellation formulieren. Angefangen bei dem Handlungsmodell für Ego, dem „action frame of reference", lässt sich eine starke Emergenz feststellen. Die normativen Standards, die auf die Ziel- und Mittelwahl

---

[18] Schneider, Wolfgang Ludwig: S. 154.

von Ego Einfluss haben, müssen erst vorausgesetzt und verinnerlicht werden, ehe ein Handeln Egos vollzogen werden kann. Dieses Phänomen wird besonders deutlich, wenn man auf die Analyse des „AGIL-Schemas" eingeht. Der Ausgangspunkt ist auch hier das kulturelle System, was die Werte und Symbole beinhaltet. Ohne diese Voraussetzung kann ein Handeln bzw. ein gesellschaftliches System nicht funktionieren. Deswegen wird diese Ebene auch als die strukturerhaltende Komponente bestimmt, die für den normativen Rahmen sorgt, die ein Handeln bzw. ein gesellschaftliches Miteinander überhaupt möglich macht. Denn, um auf die Definition von Emergenz einzugehen, der normative Rahmen als Grundvoraussetzung ist nicht aus dem Handeln eines einzelnen Akteurs ableitbar. Im Gegenteil: Ohne die Internalisierung normativer Standards ist ein Handeln nach Parsons nicht möglich.

Bei Parsons gibt es aber auch ein zentrales schwach emergentes Phänomen. Das lässt sich besonders gut in seinem „action frame of reference" identifizieren. Wie dort unter 5.1 schon angeklungen, muss jeder Akteur eine Anstrengung vornehmen, um ein bestimmtes Ziel überhaupt formulieren zu können. Aus den Bedingungen und Mitteln muss Ego eine Energie („effort") aufbringen, „die auf die Verwirklichung eines Ziels gerichtet ist."[19] Dies ist zweifelsohne aus dem einzelnen Akteur abzuleiten. Daher ist dieses Phänomen analog zur Emergenzdefinition schwach emergent.

6. Vergleich beider Theorien

In diesem Vergleich sollen allgemeine Gemeinsamkeiten und Unterschiede der beiden Theorien genannt werden, die zunächst die Begrifflichkeiten und das Handeln von Ego allein näher betrachten, bevor dann Ego-Alter-Konstellationen und die emergente Ordnung verglichen werden.

Webers Theorie lässt sich ausschließlich auf westliche und moderne Gesellschaften anwenden[20], während man Parsons Theorie anhand des „AGIL-Schemas" auf alle Gesellschaften anwenden kann. Bei Weber lässt sich im Ganzen ein theoretischer Aspekt nachzeichnen: Das soziale Handeln. Auf das Element des sozialen Handelns baut Weber seine komplette Theorie auf. Daraus leitet er die Bestimmungsgründe des Handelns ab, die maßgebend dafür sind, die legitime Herrschaft als Gesellschaftsmodell zu erklären. Parsons hingegen entwirft zwei getrennte Theorien. Mit seiner Handlungstheorie erklärt er zunächst Egos Handeln („action fra-

---

[19] Parsons, Talcott: S. 111.
[20] Schluchter, Wolfgang: S. 118 ff.

me of reference") und mit seiner Systemtheorie analysiert er ganze Gesellschaften („AGIL-Schema"). Auch die Herangehensweise beider Theoretiker unterscheidet sich. Webers Ausgangspunkt zur Analyse des Handelns bildet der wissenschaftliche Beobachter. Handeln erklärt sich auf Basis seiner Beobachtungen. Für Parsons ist die Perspektive des Akteurs selbst von zentraler Bedeutung. Mit seinem voluntaristischen Handlungsbegriff macht er die Akteursperspektive als Ausgangspunkt deutlich. Webers Theorie stellt nicht die Frage der Sozialisation der Akteure, mit anderen Worten gilt bei Weber die Prämisse, dass die Akteure bereits vollständig sozialisiert sind und so handeln können. Für Parsons ist eine zentrale Voraussetzung, dass sich die Akteure erst sozialisieren müssen. Das geschieht über Familie bzw. über die Gesellschaft. Weber und Parsons haben ein unterschiedliches Verständnis von Handeln. Für Weber entsteht ein Handeln, wenn ein Akteur mit seinem Verhalten einen Sinn verbindet. Parsons sieht Handeln als die Brücke zwischen dem Wollen (Voluntarismus) und dem Sollen (Werte). Das Handeln soll von normativen Standards geleitet werden, was Wollen und Sollen in Einklang bringt.

Um nun auf die Ego-Alter-Konstellationen und die emergente Ebene zu schwenken, sehen beide Theoretiker das Aufeinandertreffen von Ego und Alter zunächst als Abhängigkeitsproblem. Weber und Parsons versuchen, das Problem zu lösen, geben aber unterschiedliche Lösungsansätze an. Weber benennt das Abhängigkeitsproblem mit der sozialen Beziehung und argumentiert für die Lösung des Problems damit, dass Ego und Alter sich gegenseitige Erwartungserwartungen formulieren. Ego erwartet ein Handeln von Alter und Alter erwartet eine Handlungserwartung -an Alter gerichtet- von Ego. Durch diese gegenseitigen Erwartungserwartungen kommt immer ein Handeln zustande. Parsons formuliert die doppelte Kontingenz als Abhängigkeitsproblem. Seine Lösung sind die normativen Standards. Die normativen Standards heben die Handlungsunsicherheiten auf und lassen damit, wie Webers gegenseitige Erwartungserwartungen, Handlungssicherheit entstehen. Dabei wird die Handlungssicherheit durch kollektive und wiederkehrende Handlungsmuster bei Weber und durch die Orientierung an ein gemeinsam geteiltes Wertesystem bei Parsons gefestigt. Ego unterstellt dabei, dass auch Alter auf das gleiche Wertesystem zugreift und bei Weber sind es die Konventionen, die Handlungsmuster formen und Handlungssicherheit entstehen lassen.

Daraus ergeben sich unterschiedliche Erklärungen für soziale Ordnung. Nach Weber entsteht soziale Ordnung durch die verschiedenen Handlungsmuster, die er zu dem Begriff „Brauch" zusammenfasst. Der Brauch ergibt sich aus wiederholt zweckrationalem, traditionalem und affektuellem Handeln. Dabei wird die Stabilität der Ordnung bzw. der legitimen Herrschaft durch wertrationales Handeln gegeben, das für den normativen Rahmen sorgt. Das erfolgt durch die innere Überzeugung der Akteure von der legitimen Herrschaft und durch die Sanktionen, die als Kontrollfunktion dienen. Parsons erklärt sich die soziale Ordnung etwas anders. Er geht von den normativen Standards aus, aus denen er eine soziale Ordnung ableitet. Dadurch, dass sich die Akteure an ein gemeinsam geteiltes Wertesystem orientieren, kann sich eine Ordnung im Sinne Parsons ergeben. Hier müssen die Werte vorher von den Akteuren internalisiert werden. Die Kontrollfunktionen haben beide Theorien gemeinsam. Abweichendes Handeln wird bei beiden durch den Staat oder durch andere Akteure sanktioniert. Was jedoch die Stabilität betrifft, so gibt es auch hier Unterschiede. Weber unterscheidet unterschiedliche Stärken von Stabilität, ausgegangen von den Bestimmungsgründen des Handelns. Die Mode, abgeleitet aus dem affektuellen Handeln, ist nach Schneider weniger stabil, weil sich die Mode sehr schnell und oft verändert. Das wertrationale Handeln ist sehr stabil, da es Institutionen wie das Recht als Kontrollinstanz beinhaltet. Bei Parsons ist eine Gesellschaft entweder stabil oder nicht. Er nimmt keine Abstufungen vor. Nach seinem Modell ist jede Gesellschaft vor dem Hintergrund der normativen Standards gleich stabil.

Entscheidendster Unterschied ist abschließend die Emergenzkonstellation bei beiden Theoretikern. Weber -wie wir gesehen haben- leitet die soziale Ordnung aus dem sozialen Handeln des Akteurs ab. Aus ihm entsteht die Grundlage für soziale Beziehungen und für die Gesellschaft, deren Ordnung und Stabilität. Parsons Weg ist der exakt umgekehrte. Seine Prämisse für alles Handeln sind die normativen Standards. Deren Internalisierung befähigt jeden, sich als Handelnder zu verstehen. So kann er an den gesellschaftlichen Handlungsprozessen erst teilnehmen. Daraus lässt sich die Ordnung und Stabilität einer Gesellschaft erklären. *„Parsons' Handlungstheorie ist von Anfang an so angelegt, daß sie sich der Systemtheorie unterordnet.“*[21] Das heißt also, dass es bei Parsons eine Handlungstheorie gibt, die Systemtheorie aber eindeutig als Voraussetzung dient. Webers Ausführungen und sein soziologisches Verständnis lassen sich der Handlungstheorie zuordnen. Vor dem Hintergrund der Definition von sozialer Emergenz lässt sich analog dazu ein Unterschied in der Emergenzkonstellation feststellen. Webers Theorie ist demnach als schwach emergent einzustufen. Wobei hier aber angemerkt werden muss, dass es auch einen stark emergenten Aspekt gibt (s. Kapitel 4.2). Um daher eine präzise Einordnung als Veranschaulichung anzugeben, kann man Webers Emergenzstärke mit 0,3 bewerten, in einer Skala von 0 bis 1. Parsons Ansätze hingegen sind stark emergent ausgeprägt. Auch hier lassen sich jedoch ein schwach emergentes Phänomen nachzeichnen (s. Kapitel 5.2). Um eine Einordnung wie oben vorzunehmen, lässt sich Parsons Emergenzstärke mit 0,8 bewerten.

---

[21] Schwinn, Thomas: S. 94.

8. Fazit

Um hier auf die eingangs gestellten Fragen zurückzukommen, lässt sich unter Betrachtung von Kapitel 6 eine klare Antwort formulieren. In der Tat lassen sich Webers theoretische Ansätze in diesem Sinne von unten nach oben lesen. Ausgegangen vom einzelnen Akteur bis zur Gesellschaft. Analog dazu muss man Parsons Ausführungen von oben nach unten lesen. Die normativen Standards sind die Grundlage für Handlungen.

Interessant zu diskutieren wäre noch die Frage, ob sich bei der sozialen Beziehung nach Weber das Handeln Egos auf das Verhalten oder das Handeln Alters bezieht. Somit hätte man eine exakte Definition der sozialen Beziehung. Weber hat zwar klar das Verhalten als Bezugspunkt genannt, formal logischer wäre jedoch beides. Soziales Handeln kann sich sowohl auf das Verhalten als auch auf das Handeln beziehen. Es stellt sich in diesem Sinne nur die Frage, ob ein Sinn mit dem Verhalten verbunden wird. Da diese Frage aber vom Beobachter und nicht von Ego und Alter beantwortet wird, weil *er* einen möglichen Sinn unterstellt, kann die Frage durchaus unbeantwortet bleiben. Daher wäre sowohl Handeln als auch Verhalten als Bezugspunkt richtig.

Diese Diskussion würde durchaus eine interessante Grundlage für eine weitere Arbeit bieten, aber den Rahmen dieser Arbeit würde diese Thematik sprengen. An dieser Stelle muss auch noch einmal angemerkt werden, wie es auch Schneider tut, dass es sich bei Webers Bestimmungsgründen des Handelns lediglich um Idealtypen handelt. Kein Akteur handelt streng nach einem bestimmten Muster.

16

9. Literatur- und Abbildungsverzeichnis

❖ Lindemann, Gesa: Das Konzept der Emergenzkonstellation als Ausgangspunkt für Vergleichsmöglichkeiten von Theorien, veröffentlicht als Orientierung im Rahmen der Lehrveranstaltung „Einführung in die soziologische Theorie", Oldenburg 2008.

❖ Parsons, Talcott: Aktor, Situation und normative Muster. Ein Essay zur Theorie sozialen Handelns, hrsg. und übersetzt von Harald Wenzel, Frankfurt / Main 1986.

❖ Sawyer, Keith: Social emergence. Societies as complex systems, New York 2005.

❖ Schluchter, Wolfgang: Die Entwicklung des okzidentalen Rationalismus, Tübingen 1979.

❖ Schneider, Wolfgang Ludwig: Grundlagen der soziologischen Theorie 1 - Weber - Parsons - Mead - Schütz, Bd. 1, Wiesbaden 2002.

❖ Schwinn, Thomas: Lassen sich Handlungs- und Systemtheorie verknüpfen? Max Weber, Talcott Parsons und Niklas Luhmann, in: Lichtblau, Klaus (Hrsg.): Max Webers ‚Grundbegriffe'. Kategorien der kultur- und sozialwissenschaftlichen Forschung, Wiesbaden 2006, S. 91-112.